P. ARCHAMBAULT

RENOUVIER

BLOUD & Cie

S. et R. 598

RENOUVIER

MÊME COLLECTION

RENOUVIER

PAR

Paul ARCHAMBAULT

PARIS

LIBRAIRIE BLOUD & Cie

7, PLACE SAINT-SULPICE, 7

1 ET 3, RUE FÉROU. — 6, RUE DU CANIVET

1911

RENOUVIER

CHAPITRE PREMIER

La jeunesse de Renouvier.

Premiers travaux.
(1815-1854)

Charles Renouvier est né en 1815, à Montpellier, d'une famille qui donna à l'opposition libérale plusieurs députés. Il fit la plus grande partie de ses études à Paris, au collège Rollin ; il y fut condisciple de Félix Ravaisson qui, plus tard, lui consacrera quelques pages vigoureuses de son *Rapport sur la philosophie française au* XIXe *siècle*, et sera l'un des premiers à le classer parmi les grands penseurs du temps. Renouvier était alors, dit-il lui-même, « infecté par des prédications saint-simoniennes, lisant le *Globe* pendant les classes », persuadé que la science et la société allaient être reconstruites sur un plan tout à fait nouveau.

En 1834 il entra à l'Ecole polytechnique, où il eut Auguste Comte pour répétiteur d'analyse transcendante et de mécanique rationnelle : déjà il connaissait une partie du *Cours de philosophie positive*, alors en cours de publication, et qu'il admirait profondément. Ce ne fut pas Comte cependant, mais Descartes, qui décida de sa formation philosophique. Ayant lu par hasard, en 1836, les *Principes,* il en éprouva un véritable enchan-

tement. Rapidement il s'assimila Spinoza, Leibnitz et
Malebranche, et quand l'Académie des Sciences morales
et politiques mit au concours l'examen du cartésia-
nisme, il se trouva prêt à traiter le sujet. Son mémoire,
qui n'eut d'ailleurs qu'une mention honorable, le prix
ayant été partagé entre les travaux célèbres de Bordas-
Demoulin et de Francisque Bouiller, devint, en 1842, un
Manuel de philosophie moderne. En 1844, vint s'y
ajouter un *Manuel de philosophie ancienne,* très supérieur à tout ce que la philosophie française avait alors
produit de semblable, et utile à consulter aujourd'hui
encore. En même temps Renouvier donnait quelques
articles (Panthéisme, Fatalisme, Philosophie, etc.) à
l'*Encyclopédie nouvelle* de Pierre Leroux et Jean
Reynaud.

Si Renouvier abandonna très vite le saint-simonisme,
il n'en garda pas moins certains éléments, et, par-dessus
tout, une préoccupation très vive des problèmes écono-
miques et sociaux, en même temps qu'une tournure
d'esprit nettement humanitaire et socialiste. La Révo-
lution de 1848 l'intéressa passionnément et, un instant,
elle attira l'attention sur lui. Il avait été nommé secré-
taire d'une commission créée par Hippolyte Carnot dans
le but de réorganiser l'enseignement public d'après les
principes républicains, commission que présidait Jean
Reynaud. A cette occasion, il publia un *Manuel républicain de l'homme et du citoyen,* d'un socialisme très
éclectique qui empruntait à Louis Blanc l'idée du droit
au travail et à Fourier celle des associations libres de
travail. Dénoncé à la Chambre par Bonjean, défendu
inutilement par J. Renouvier, frère de l'auteur et député
de l'Hérault, le *Manuel* scandalisa tout à fait l'assem-
blée, et amena la démission de Carnot, mis en minorité
pour en avoir autorisé la publication et l'avoir fait
distribuer à des instituteurs. En 1851, Renouvier
rédigea encore, en collaboration avec quelques républicains avancés, dont Fauvety, directeur de la *Revue*

philosophique, un projet de *Gouvernement direct et d'organisation communale et centrale de la République,* où il cherchait à appliquer rigoureusement l'idéal républicain de gouvernement du peuple par lui-même. Mais ce sera là, pour de longues années, la dernière incursion de Renouvier sur le terrain politique. La République s'achève et l'Empire va venir.

Dans les deux *Manuels* et dans les articles de l'*Encyclopédie* se trouve ce que l'on appelé, d'un nom peut-être trop ambitieux, la première philosophie de Renouvier. Vague, inconsistante, issue d'influences fort diverses, cette première philosophie n'a qu'un intérêt extrinsèque, celui de nous montrer comment l'auteur est arrivé aux conclusions essentielles des *Essais.*

Déjà, Renouvier voit que la tâche essentielle de la philosophie moderne doit être l'établissement d'une table des catégories, et la détermination de leurs limites. Déjà, il apparaît préoccupé de la nature de la croyance, du rôle nécessaire de la volonté et du sentiment dans la spéculation. Déjà, il aperçoit les antinomies qui obséderont sa pensée. Mais tandis qu'il les résoudra plus tard par l'affirmation rigoureuse du principe de contradiction, tout au contraire, avec Hegel, il fait ici de la contradiction une loi nécessaire de l'existence et de l'intelligence des choses. Non seulement les divers systèmes se contredisent entre eux, mais chacun enveloppe en lui-même une contradiction : telles les contradictions de la création et de l'immutabilité divine, de la prescience et de la liberté humaine chez les théologiens ; telle la contradiction du nombre sans fin des monades. Il y a là une loi nécessaire. Les antinomies doivent se résoudre par l'acceptation simultanée de la thèse et de l'antithèse : fini et infini, liberté et nécessité, etc. « La vérité s'atteint par la reconnaissance des principes contraires dans l'affirmation simultanée des propositions contradictoires. » Les systèmes ont donc grand tort « de se croire ennemis et de se combattre quand ils ne

sont que contradictoires et que la contradiction siège
dans la raison même. » Et Renouvier donnait comme
épigraphe à son *Manuel de philosophie ancienne* le
mot célèbre de Pascal : « Tous les principes sont vrais,
des pyrrhoniens, des stoïques, des athées; mais leurs
conclusions sont fausses, parce que les principes opposés sont vrais aussi. »

Comment Renouvier est-il passé de cet éclectisme au
parti pris logique d'où sont sortis les *Essais* — parti
pris « de refuser son assentiment et le titre de vérité à
toute proposition qui renferme des éléments contradictoires entre eux? » Lui-même a pris la peine de nous le
dire, en une intéressante autobiographie qu'on trouvera
en appendice à l'*Esquisse d'une classification systématique des doctrines philosophiques.*

« Je ne trouvais pas, dit-il, dans le système que je
m'étais fait, le repos qui suit les fortes décisions morales. » Deux problèmes l'inquiétaient, qui allaient précisément le mettre sur la voie d'une solution générale :
le problème de l'infini, le problème du libre arbitre.

Sur le premier, la lumière lui vint de ses réflexions
sur l'infini mathématique. Convaincu avec tous les
mathématiciens « de l'impossibilité de l'infini numérique
actuel et par conséquent de l'impossibilité d'admettre
une composition effective de la quantité abstraite »,
Renouvier ne tarda pas à s'apercevoir que, comme eux
aussi, il était loin d'admettre toutes les conséquences de
cette idée. Un beau jour — et ce fut, dit-il, tout son
mérite, — il décida d'être absolument logique, d'aller
au bout des conséquences, quelque opposées qu'elles
fussent à ses préventions, de tout soumettre en un mot à
la loi du nombre. Du seul fait apparurent à lui les vérités
essentielles qui devaient fournir la base définitive de sa
philosophie : idéalité de l'espace et du temps indéfiniment divisibles, qu'on ne saurait réaliser sans réaliser
un tout composé d'un nombre infini de parties, un
nombre d'éléments sans nombre, et qui cessent au

contraire d'être contradictoires si l'on en fait des formes
de la représentation, où la pensée exerce sa puissance
indéfinie de multiplier et de diviser ; négation de la
continuité et affirmation de la division réelle des choses
en un nombre fini d'éléments discrets et d'actions
séparées, « intermittentes » ; impossibilité d'une régres-
sion à l'infini et nécessité logique d'un premier commencement des choses pour éviter l'absurdité « d'une totalité impossible, et toutefois effectuée, des modes, soit
matériels, soit spirituels, qui composent l'éternité
écoulée » ; enfin, comme nous le verrons mieux plus
loin, démolition de la substance, de la chose en soi, et
autres idoles métaphysiques issues d'elle.

« Si, pour éviter le nombre infini contradictoire, qu'on
admettrait en posant l'éternité passée des phénomènes,
on pose ce pur premier commencement... il ne reste
plus aucun empêchement logique à poser aussi la possibilité des ruptures de continuité dans les chaînes de
phénomènes, à nier l'entière solidarité de l'avenir et du
passé, à distinguer le possible du nécessaire, enfin à se
rendre aux raisons, d'une espèce tout autre que logique,
qui réclament de la conscience l'affirmation du libre
arbitre ». La thèse du fini menait ainsi Renouvier à celle
de la liberté. Cependant, dit-il, « sur ce nouveau point,
... ma conversion fut plus lente, plus pénible, en même
temps que le résultat d'une action étrangère, et non
point du tout un mouvement original de ma pensée. »
Longtemps, l'argument déterministe de la nécessité des
contraires l'arrêta, et, d'autre part, il n'arrivait pas
à voir dans la liberté autre chose que l'indifférence des
scolastiques. C'est son ami de jeunesse, Jules Lequier,
qui vint ici à son secours : ami mort jeune et dont
nous ne possédons que quelques fragments « sauvés du
naufrage » par Renouvier lui-même, qui a toujours parlé
de ce « maître » avec une humilité très belle dans
sa naïveté même. Pendant les années « trop courtes »
qu'il consacra à l'étude de la philosophie, Jules Lequier

avait « médité jour et nuit le plan d'une reconstitution
de la méthode, et d'une réforme entière de la philosophie
et de la théologie par *le simple et ferme vouloir*
d'un penseur de mettre la liberté à sa place de première
vérité dans l'ordre de la connaissance ». C'est lui
qui familiarisa Renouvier avec l'idée des possibles et
des futurs ambigus ; c'est lui qui lui donna la véritable
notion de la liberté ; c'est lui encore qui lui révéla,
du même coup, le sens profond de la morale kantienne
du devoir et la vraie signification des postulats.

« Au fond, ajoute Renouvier, sur la question du libre
arbitre comme sur celle de l'infini de quantité, c'est à la
contradiction que j'échappai, c'est à la logique que je
me rendis ». Ce n'est donc pas faire une hypothèse
arbitraire, c'est formuler une vérité avancée de Renouvier lui-même que de dire : le criticisme consiste
essentiellement dans l'affirmation résolue du principe
de contradiction. Le jour où le philosophe s'est décidé
à cette affirmation, le système était définitivement
fondé.

CHAPITRE II

Les Essais de critique générale.
(1854-1872)

Ce système a été exposé surtout dans quatre ouvrages portant le titre commun *Essais de critique générale* et les titres particuliers suivants : *Traité de logique générale et de logique formelle* (1854), *Traité de psychologie rationnelle d'après les principes du criticisme* (1859), *Principes de la nature* (1864) et *Introduction à la philosophie analytique de l'histoire* (1864). Sans négliger les autres sources, et notamment les articles de l'*Année philosophique*, ce sont ces quatre ouvrages que nous prendrons pour base de notre résumé. Nous y joindrons la *Science de la morale* (1869) qui appartient à la même période et relève du même esprit.

a) La connaissance et ses limites : les catégories.

« La critique de la connaissance n'est qu'un long et inévitable cercle. Quelque vérité, quelque rapport que j'entreprenne d'expliquer, de prouver, je suis contraint de proposer d'autres rapports que je n'explique pas... Donc, il faut tomber droit au milieu de la raison et s'y livrer... J'écris l'histoire de mes pensées pour que d'autres la vérifient par l'histoire conforme des leurs, en me lisant. » C'est en ces termes que Renouvier définit d'abord sa méthode et annonce l'ordre de ses

pensées. La plupart des philosophes cherchent à définir la science avant même de l'avoir pratiquée : avant
d'avoir atteint la certitude, ils voudraient savoir où
elle est. La méthode de Renouvier est inverse : « Le
chapitre de la certitude, dit-il, n'a pas de place dans ce
premier essai. Il formera contre tout usage, mais en
toute raison, la première clef de voûte d'un édifice
déjà fondé, et qui doit s'élever plus haut ; il n'en sera
pas la première pierre. Ici je procède spontanément à la
connaissance en tant que donnée. »

Qu'est-ce que nous connaissons ? Des *choses,* comme
on dit. Mais qu'est-ce que des choses ? « Toutes les
choses possibles, j'entends pour nous et pour notre
connaissance, ont un caractère commun, celui d'être
représentées, d'apparaître » : à l'analyse elles se rédui-
sent même en des synthèses plus ou moins complexes
de représentations.

A son tour, qu'est-ce que la *représentation ?* Son
caractère essentiel, c'est d'être à double face, d'impliquer deux éléments corrélatifs et inséparables : l'un
représentatif, l'autre *représenté.* Autrement dit : pas
de sujet sans objet, pas d'objet sans sujet. Le réalisme
et l'idéalisme sont également faux, parce qu'il n'y a
ni représentatif en soi, ni représenté en soi. Qu'on ne
s'y trompe pas d'ailleurs, le but de ces définitions n'est
pas tant d'édifier un système que de repousser tous les
systèmes. Le phénoménisme de Renouvier prétend
être une constatation immédiate.

Cette constatation est cependant riche de conséquences. Dès ces premières pages de son premier *Essai,*
Renouvier s'attaque à la grande idole : la chose en soi,
au nom de la loi du nombre, du fini, du déterminé, qui
restera l'axe du système.

Pour que le mot même de chose en soi ait un sens
pour nous, il faut qu'elle soit considérée, soit comme
étant de la nature du représentatif, soit comme étant
de la nature du représenté : nous nous plaçons, bien

entendu, « au point de vue du connaître, non à celui de l'être sans le connaître, lequel nous échappe entièrement ». Or, parmi les éléments du représenté ou du représentatif, duquel pouvons-nous faire une chose en soi ? Est-ce de l'espace ? Mais l'espace est essentiellement divisible : réaliser l'espace ce serait poser l'idée d'un tout composé d'une infinité de parties, l'idée d'un nombre sans nombre d'éléments. Est-ce la matière ? Mais qui dit matière dit étendue et nous retombons dans les mêmes difficultés que précédemment. Est-ce le mouvement ? Mais il y a longtemps que Zénon d'Elée a résolu la question par la négative. Est-ce le représentatif comme tel ? Mais la notion de substance spirituelle est singulièrement vague : « la substance n'est connue que par son attribut ; dans *ce qui pense,* par exemple, le connu est l'adjectif *qui pense,* et le *ce* demeure ignoré. L'unique définition de ce singulier *ce,* comme pronom général de la substance, est d'être impropre à toute définition, ce qui ne suffit pas. » Est-ce enfin la totalité des phénomènes ? « Puisque les phénomènes sont, ils forment une somme, cela n'est pas douteux, et les phénomènes passés forment une somme aussi ; mais que cette somme soit une série unique, et cette série un infini, et cet infini le développement de quelque chose d'inconnu, autre que la série, autre que tout phénomène, et enveloppant l'avenir même qui n'est point donné : voilà une proposition dont le sens m'échappe, loin que je puisse en admettre la vérité. »

Ainsi s'écroule le vieux réalisme de la substance, véritable fétichisme philosophique : il n'y a pas de substance, il n'y a pas de chose en soi. « L'idole qu'on doit abattre offusque d'abord la vue : son antiquité, sa divinité prétendues imposent aux plus hardis et telle est la force des préjugés que chacun s'attend à voir la nature entière s'abîmer quand tombera le dieu. Les coups mêmes qu'on lui porte ont quelque chose de fantastique et rendent des sons étranges. Mais l'œuvre de destruction n'est pas plus tôt accomplie qu'un étonnement tout nouveau se produit : l'idole est connue pour ce qu'elle est, on touche le bois qui est vermoulu, et lorsqu'enfin elle tombe en poussière il se trouve que rien n'est changé autour d'elle ; chaque chose a conservé sa place et son nom, il ne s'est point fait de vide dans la réalité. »

Si Renouvier parle avec cette assurance, c'est qu'il avait trouvé dans la représentation elle-même ce principe de cohérence et de permanence que d'autres cherchent dans une substance extérieure aux choses. Il répugnerait à réduire le monde à cette poussière de phénomènes séparés et disjoints que laissait seule subsister l'empirisme de Hume. Mais la *loi,* comme l'a montré Kant, nous épargne cette absurdité. Tout est relatif, mais la relation, posée par Renouvier comme aussi réelle que les termes qu'elle unit, plus réelle même en un sens puisqu'elle résume les conditions sans lesquelles ils ne peuvent apparaître, met dans le flux des phénomènes quelque chose de fixe et de durable.

Les choses s'enveloppent et s'impliquent mutuellement, elles s'enchaînent ou se déroulent selon certains ordres, elles s'assemblent en groupes définis et se désassemblent : cela même est un phénomène que l'expérience constate. De là l'idée d'ordre, sorte de phénomène général, qui enfin nous fait concevoir la loi. « Tout ordre qu'une relation constitue, s'il est constant ou supposé tel, prend le nom de loi. Une loi est un phénomène composé, produit ou reproduit d'une manière constante, et représenté comme un rapport commun des rapports de divers autres phénomènes. » La loi est la forme essentielle de la représentation. Il n'y a pas de représenté défini sans loi : et le représentatif de son côté n'est qu'une synthèse de lois. Pour qui a compris cela, le monde apparaît avec autant de cohérence réelle que pouvait lui en donner l'ancien substantialisme.

Parmi les lois des phénomèmes, il y en a qui présentent le triple caractère d'être : — *à priori,* en ce sens
du moins qu'elles ne dérivent pas des choses données ; —
universelles, parce qu'elles sont présentes à toute expérience ; — nécessaires enfin, parce que rendant seules
l'expérience possible, comme disait déjà Kant, elles ne
sauraient être démenties par elle : ce sont *les catégories.* « Les catégories sont les lois premières et irréductibles de la connaissance, les rapports fondamentaux
qui en déterminent la forme et en règlent le mouvement... Passant nécessairement sous les conditions de
l'expérience pour se manifester, elles se présentent
pourtant comme supérieures à l'expérience, capables
de l'envelopper, propres à la conduire et à lui imposer
des règles. »

Par cette affirmation décidée des catégories, le phénoménisme de Renouvier se distingue définitivement de
l'empirisme de Hume et rejoint au contraire le criticisme de Kant. Il s'en sépare cependant sur bien des
points. D'abord, en écartant la distinction des phénomènes et des noumènes, en faisant des phénomènes les
choses mêmes, Renouvier est amené à voir dans les
catégories les lois non seulement de ce qui apparaît,
mais de ce qui est. Comme tous les vrais idéalistes, il
ne renie le dogmatisme vulgaire que pour s'élever à
un dogmatisme encore plus catégorique. « Nous croyons
que l'intelligence humaine est constituée de manière
à voir les choses telles qu'elles sont. » Aucune place
pour l'inconnaissable proprement dit dans ce criticisme. D'autre part Renouvier ne conçoit point le rôle
des catégories de la même manière que Kant : pour celui-
ci, en effet, les catégories ne sont pas seulement des
faits généraux, par suite des cadres plus ou moins exté-
rieurs aux choses : ce sont elles qui déterminent les choses
qui les constituent, qui les définissent. Enfin, tandis
que Kant, toujours systématique, déduit les catégories
d'un principe unique, l'unité de l'aperception pure ou

du « je pense », et montre en elles autant de formes nécessaires pour ramener la diversité des intuitions sensibles
à cette unité, Renouvier cherche seulement à les déga-
ger, par analyse réflexive, de la synthèse concrète de
l'expérience, n'attache à leur classification qu'une valeur
empirique et ne veut pour elle d'autre preuve que le
succès même de l'analyse. « Au philosophe qui présente
un système de catégories, il ne faut pas demander des
démonstrations à propremeut parler. Son œuvre est-elle
un tableau de l'esprit humain ou le produit d'une fan-
taisie individuelle? Que le juge instruise, délibère, prononce. Tout homme est juge, tout fait bien constaté est
juge. Les vérités de l'ordre le plus général ne se
prouvent pas, elles se vérifient. »

Suivant cette méthode, Renouvier arrive à dresser
le tableau suivant des catégories :

CATÉGORIE	THÈSE	ANTITHÈSE	SYNTHÈSE
Relation	Distinction	Identification	Détermination
Nombre	Unité	Pluralité	Totalité
Position	Point	Espace	Etendue
Succession	Instant	Temps	Durée
Qualité	Différence	Genre	Espèce
Devenir	Rapport	Non-rapport	Changement
Causalité	Acte	Puissance	Force
Finalité	Etat	Tendance	Passion
Personnalité	Loi	Non-soi	Conscience

Nous ne pourrons songer même à résumer brième-
ment les explications données par Renouvier au sujet
de chacune des catégories.

Faisons seulement remarquer la présence significative
dans cette table, — de la catégorie du nombre, qui
apparaît ainsi non comme le schéma (Kant) ou une
forme secondaire de la quantité, mais comme la quantité même ; — des catégories d'espace et de temps
où Kant ne voulait voir que des « formes *à priori*
de l'intuition, — et encore de la catégorie de finalité :
« le devenir implique la puissance et la cause, il
n'implique pas moins la tendance et la fin ».

Signalons encore le caractère spécial de la causalité,
telle que l'entend Renouvier, et qui, tout en impliquant
la notion de force, synthèse de la puissance et de
l'acte, révélée à nous d'abord par l'action de notre
volonté sur nos idées et nos passions, n'implique pas
cependant la transitivité, c'est-à-dire le passage d'un
principe actif dans un sujet passif : la cause n'est rien
sans l'effet, la causalité n'est que la loi selon laquelle se
définit le rapport de deux phénomènes liés l'un à
l'autre. « La transition causale apparente n'est qu'une
harmonie qui consiste en la production de B conséquent,
à raison de la donnée antérieure, ou production de A
antécédent, renfermant les conditions nécessaires et
suffisantes de B conséquent ».

Analyser les conditions et les éléments de la connaissance n'est pas la seule tâche qui s'impose à la critique :
elle a aussi à déterminer sa portée et ses limites. Or si
cette question est implicitement résolue par quelques-
unes des considérations qui précèdent, nous n'en avons
pas moins maintenant à la traiter pour elle-même.

Pour démontrer la relativité de la connaissance
et l'impossibilité de toute métaphysique dogmatique, un
des principaux arguments de Kant était tiré de ces
« antinomies » où tombe selon lui la raison humaine
lorsqu'elle s'essaye à une semblable métaphysique.
Renouvier n'admet pas cet argument. Ni en elles-
mêmes, ni dans leur application aux choses, les catégories n'amènent nécessairement ces antinomies. Leur
forme ternaire — thèse, antithèse, synthèse — n'implique point l'identité des termes opposés, mais seulement leur corrélation mutuelle, ces termes n'ayant de
réalité que dans la synthèse du tout qui les réunit.
D'autre part il est vrai que le monde apparaît à la fois
comme fini et infini. En même temps que l'entendement,
obéissant à une loi d'universalité, conçoit le monde,
c'est-à-dire une synthèse de tous les phénomènes passés,
présents et futurs, l'imagination cherche à se le représenter. Or l'entendement le conçoit nécessairement

comme fini, pour éviter la contradiction de l'infini :
« il y aurait contradiction à ce que la synthèse fût et ne
fût pas déterminée ». L'imagination, au contraire,
habituée empiriquement à passer toujours de la partie
au tout, du tout à un tout plus grand, à aller sans cesse
de changements en changements et de causes en
causes, sera portée à reculer à l'infini les limites du
monde. Mais il ne s'agit pas là d'une antinomie
proprement dite et les deux propositions, dites antino-
miques, sont de bien inégale valeur. « L'une se prouve
par le principe de contradictions et est vraie, l'autre
prétend se prouver par les lois de l'expérience au delà
de l'expérience possible et est fausse. L'argumentation
de Kant met en balance une proposition contradictoire
avec une proposition simplement incompréhensible. »
Les thèses sont vraies, les antithèses sont fausses.
Le monde est fini dans l'espace et le temps; il n'est pas
divisible à l'infini, mais composé de parties simples
en nombre déterminé; la liberté et la causalité absolues
existent, sans lesquels il faudrait supposer l'absence
dite d'une série limitée de causes.

Mais si l'idée d'une science totale des phénomènes
ne se heurte pas à une contradiction absolue, cette
science n'en est pas moins rendue impossible par la
nature même de l'esprit, impuissant à la réaliser. Non
seulement le monde ne saurait être compris en ce sens
qui exigerait qu'il entre comme terme dans un rapport
dont l'autre terme serait autre que lui, puisque, par
définition, il est le tout, mais il ne saurait, dans son
ensemble, être l'objet d'une science. Dans quelque catégorie qu'on l'entreprenne, la synthèse totale est impossible. Nous savons sans doute que le monde a nombre,
étendue et durée : mais nous ignorons le nombre du
monde, l'étendue du monde, la durée du monde. Nous
savons que le monde a eu un commencement, un ou
plusieurs premiers termes : mais ces premiers termes,
« par cela même qu'ils ne deviennent pas et ne s'offrent

pas autres à l'égard de rapports antérieurs » ne sauraient être proprement déterminés. Nous savons qu'il faut poser une ou plusieurs causes premières des phénomènes ; mais de la nature et du nombre de ces causes nous ne connaissons rien. Les deux conceptions courantes, que la cause première s'est produite elle-même ou qu'elle a existé de tout temps, sont également contradictoires : et d'autre part notre monde peut s'expliquer également par l'action d'une seule force ou de plusieurs forces distinctes mais dépendantes les unes des autres. La réalité se définissant par la représentation et la représentation étant inintelligible sans la conscience, nous savons encore que le monde est un ensemble de consciences : mais nous ne pouvons nous fixer ni sur l'hypothèse d'une unité primitive de ces consciences, ni sur l'hypothèse d'une irréductible pluralité. Supposons la pluralité. Comment poser ainsi une pluralité dont les termes sont fonction les uns des autres sans poser aussi un ordre qui les enveloppe ? et comment concevoir cet ordre comme existant et donné sans une conscience où il réside ? Admettons au contraire l'unité. Il faut expliquer comment la pluralité a pu en sortir. Est-ce par émanation ? C'est une image qui n'éclaire rien. Est-ce par création ? Mais « où trouver le type de la causalité primitive ? Ni la logique, ni l'expérience ne le renferment. Que quelque chose soit ou commence, qu'une fonction sans précédent soit, assurément cela peut se dire incompréhensible, mais la logique nous oblige à le poser ainsi. Mais *que l'un qui est fasse que l'autre qui n'était pas soit*, voilà qui est nouveau, étrange, une hypothèse à laquelle rien ne répond dans la connaissance et d'où ne saurait sortir de solution pour la science. » Tout en penchant pour l'hypothèse de la pluralité, laissant d'ailleurs « dans leur inaccessible obscurité les origines pures », Renouvier n'entend pas en faire plus qu'une hypothèse « conforme aux lois de la logique et aux données de l'expérience. »

En définitive, ce n'est pas seulement l'idée d'une science de la substance, de l'absolu et du supra-sensible qui est condamnée par le néo-criticisme, c'est encore l'idée d'une science totale des phénomènes, réduisant tout le donné à une seule et universelle fonction. Aussi Renouvier s'attaque-t-il avec vigueur au *sciencisme* (le mot est de lui) et à l'évolutionnisme, métaphysiques bâtardes qui se réclament en vain de la science dont elles s'arrogent présomptueusement la certitude et l'autorité. L'explication du supérieur par l'inférieur, caractéristique du sciencisme, laisse toujours un résidu, qu'il n'y a pas moyen de négliger, surtout quand il s'agit de la pensée. « Pour donner un sens à cette proposition : *la pensée est un mode de la matière cérébrale,* il faut ajouter *moyennant la différence qu'on appelle proprement pensée.* » Et quelle absurdité de vouloir faire sortir la science de ce qui, sans elle, ne serait rien ! « Rien dans ce monde, à commencer par l'espace et le temps, n'est concevable que par la conscience, et l'on voudrait faire sortir la conscience des formes mêmes qui en sont extraites, et ne valent que comme abstraction quand on les en sépare ! Ainsi le monde existerait avant la sensibilité, il y aurait des objets avant que les objets fussent représentés, des sujets sans rien d'intelligible pour les définir ! Telle est la thèse qu'il faut envisager quand on prend origine dans les catégories mécaniques illusoirement scindées d'avec toute représentation possible. » Quant à l'idée d'une transmutation des forces, essentielle à l'évolutionnisme, c'est en apparence seulement qu'elle peut se réclamer de la science pour laquelle il y a des successions, des compositions ou décompositions, mais non des transformations. Qu'est-ce que « *l'engendrement* d'une émotion par la *métamorphose* d'une vibration* »? Une semblable philosophie rappelle invinciblement « telle cosmogonie de la haute antiquité : du Chaos naquirent l'Erèbe et la Nuit, de l'Erèbe et de la Nuit l'Ether, l'Amour et l'Entendement. » L'évolutionnisme n'est que la dernière forme de la philosophie condamnée de la substance.

b) *L'àme et ses destinées.*

La synthèse totale est impossible. Mais une synthèse partielle comme celle qui suffit à la connaissance de l'homme reste possible. Et, d'autre part, où la science s'arrête, la croyance demeure libre de s'étendre encore en probabilités. C'est assez, estime Renouvier, pour oser aborder le problème de l'âme et de sa destinée.

« L'homme est un certain centre, un point de concours des catégories. » A chaque catégorie correspond chez lui une fonction. L'analyse est obligée de s'appliquer successivement à chacune de ces fonctions: il ne faudrait pourtant point la réaliser à part comme chose se suffisant à elle-même. Si Renouvier n'est nullement, comme on le verra, l'ennemi du nouveau, de l'irréductible, de l'original, nul cependant n'a été plus sévère pour la psychologie des facultés séparées. « Unir sans confondre ce que l'expérience présente constamment lié » : c'est sa devise.

Envisagé ainsi dans la hiérarchie de ses fonctions, l'homme est d'abord un organisme vivant. Egalement éloigné des théories matérialiste et substantialiste, Renouvier voit dans la vie, non une chose, mais une harmonie, une fonction, une loi.

L'homme est en outre une sensibilité : ce qui implique « quant au *soi* la forme même de la conscience avec des rapports de durée; quant au *non soi*, l'extériorité, des rapports d'étendue ». Cela aussi est quelque chose de nouveau sinon d'indépendant. Entre l'animal organique doué d'un système nerveux, et l'animal sensible, la même loi de distinction et d'harmonie doit être posée qu'entre l'organisme et les lois physico-chimiques.

L'homme est encore intelligence. Mais entre l'intelligence et la sensibilité il n'y a pas même différence qu'entre la sensibilité et la vie organique, car « à quelque degré que la représentation descende, les catégories, certaines d'entre elles au moins, y prennent un rôle nécessaire ». C'est ainsi que « la *position* est la forme même de l'extériorité, immédiatement unie à quelques sensations, et médiatement à toutes ». L'intelligence est une application réfléchie et concrète des catégories. A chacune de ces catégories correspondra donc une opération intellectuelle : à la relation la comparaison ; au nombre la numération ; à la position l'imagination ; à la succession la mémoire et la prévision ; au devenir ce qu'on appelle généralement l'association des idées et qu'il vaudrait mieux appeler, d'un terme plus large, la fonction de changement ; à la qualité enfin la raison, fonction de spécification et de signification.

Ainsi tandis que la plupart des philosophes et Kant lui-même distinguent profondément sensation, entendement et raison, Renouvier les rapproche intimement. Dans la sensibilité les catégories sont déjà enveloppées à l'état de synthèses confuses, et la raison n'est qu'une des opérations de l'entendement, nullement cette faculté chimérique de l'infini et de l'absolu que l'on s'imagine. Toute différence ne disparaît pas pour autant entre l'homme et l'animal. Quelque chose reste propre à celui-ci, qui est la réflexion, « conscience de la conscience, relations des relations comme telles ». Comparer, percevoir des rapports, et par conséquent juger, raisonner même, cela appartient à l'animal comme à l'homme. Mais « rapporter les rapports, en tant que tels, à la conscience ;... en comparant, se représenter la comparaison même, et distinguer, comparer les rapports ainsi abstraits, au lieu des groupes naturels et immédiats, c'est le fait de l'homme seul ».

L'homme ne se contente pas de réfléchir et de se repré-

senter les objets. Il fait effort, il tend, il agit. Il est passion et volonté. Arrêtons-nous un peu ici, car il s'agit
des fondements mêmes de la science et de la morale.

La volonté, pour Renouvier, n'est pas une force extérieure qui disposerait des représentations et les mettrait
en branle du dehors. Elle est un caractère de la représentation elle-même. Elle consiste dans ce pouvoir dont
jouit la représentation de se maintenir ou de s'éloigner
elle-même, par l'attention, l'abstraction systématique,
la réflexion sous ses formes variées ; du pouvoir aussi
de susciter ou de suspendre, de maintenir ou d'éloigner
d'autres représentations avec lesquelles « elle forme
par cela même une synthèse causale dont il est impossible de rien dire de plus. » C'est la représentation elle-
même qui est volontaire, autrement dit « automotrice ».
Et cela admis suffit pour expliquer l'effort, l'individua-
lité personnelle, l'attention et la réflexion ; pour établir
entre l'homme et l'animal une nouvelle et décisive
distinction , pour éclairer enfin les rapports de l'âme et
du corps.

Qu'il y ait une action du moral sur le physique, que
la cause première du mouvement puisse être dans la
conscience, cela ne souffre point théoriquement diffi-
culté si l'on repousse avec Renouvier la causalité
transitive. Les faits d'ailleurs le prouvent, tels ces
phénomènes de vertige qu'il étudie soigneusement.
« Infirmer cette succession constante et la causalité
qui s'ensuit selon la méthode positive, en alléguant
l'existence de termes organiques latents qui seraient les
vrais et essentiels précédents..., c'est jusqu'à nouvel
ordre une hypothèse arbitraire et que la rigoureuse
analyse ne permet pas. » Mais sur la nature de cette
action du moral sur le physique il faut s'entendre. « La
volonté peut précéder un grand nombre de ces faits
de locomotion qui se produisent aussi sans elle ; et elle
n'en précède aucun qui ne puisse, en certains cas, avoir
lieu spontanément. » D'où il faut conclure, semble-t-il,

que ce n'est pas la volonté en tant que telle, pure abstraction d'ailleurs, qui produit l'acte, mais la représentation à laquelle elle s'applique et qui, « en possession
exclusive de la conscience, est immédiatement suivie
de mouvement ». Maine de Biran, « philosophe d'une
estimable profondeur » cependant, et « qui eut ce rare
mérite de ne jamais comprendre la substance », s'est
certainement trompé sur ce point : l'effort ne peut s'appliquer directement à l'organe comme une sorte de res-
sort mystique, il agit par l'intermédiaire de la représentation.

La volonté ne règne donc que sur les représentations,
et encore n'y règne-t-elle pas souverainement. Nos
idées s'affirment parfois sans que la volonté ni la
réflexion n'y aient aucune part. Comme il y a un
vertige musculaire, de même il y a un vertige mental
dont Renouvier a fait une analyse restée célèbre. « De
même que l'imagination de l'acte possible conduit à
l'obsession et finalement à l'acte, ainsi l'imagination
d'un fait ou d'un système appelé à rendre raison de
certains phénomènes conduit, en se répétant et en
se fixant de plus en plus, si bizarre qu'il soit souvent,
à l'affirmation décidée de ce fait ou de ce système. »
Hallucination, rêve, suggestion, possession, fanatisme,
somnambulisme sont des formes de ce vertige mental :
son aboutissant est la folie.

Reste cependant que la représentation se présente
comme indépendante, comme automotive, capable de
se fixer ou de se repousser elle-même, d'évoquer ou
de chasser des représentations qui la confirment ou
la nient. S'agit-il d'une apparence ou d'une réalité ?
La conscience est-elle ou non un pouvoir libre ?

Si la liberté n'est pas, c'est le langage universel
qui est « convaincu d'extravagance », et l'édifice entier
des opinions communes qui s'écroule. « Il ne faut plus
parler de crimes, il faut parler de loups et de tempêtes. »
C'est la morale et le bien qui perdent tout fondement

dans l'ordre réel des choses. C'est la vérité même qui est compromise. « Si tout est nécessaire, l'erreur est nécessaire et leurs titres sont pareils, à cela près du nombre des hommes qui tiennent pour l'une ou pour l'autre, et qui demain peut changer. Le faux est donc vrai comme nécessaire, et le vrai peut devenir faux. » Il semble que ce simple énoncé des conséquences du déterminisme suffise à le réfuter.

Certaines difficultés restent cependant. D'abord il n'y a pas de vérification directe possible de la liberté : elle n'est pas un fait d'expérience. L'indétermination apparente des futurs peut très bien s'expliquer par l'action d'une loi qui « déterminerait nos jugements successifs, sans que nous en éprouvions la pression. » D'ailleurs, qui dit libre arbitre, ne dit-il pas liberté d'indifférence ? Or cette dernière idée se heurte à des objections insurmontables. « Dès que l'homme agit différemment dans les cas où son jugement est identique, ou identiquement dans ceux où son jugement est différent, l'homme n'est plus un être raisonnable. » De plus « un être intelligent qui ne poursuivrait pas son bien, c'est-à-dire ce qui lui paraît bien maintenant, est étranger à notre expérience ».

L'indifférentisme a donc tort d'imaginer une volonté séparée du jugement, c'est-à-dire séparée de l'homme. « Mais chose étrange ! le déterminisme s'appuie sur une fiction pareille. Seulement au lieu de faire la volonté se mouvoir d'elle-même, il suppose qu'elle est là pour céder à des mouvements communiqués », semblable aux plateaux d'une balance. Il y a cette seule différence, que l'indifférence est active dans un cas, passive dans l'autre. Ces deux théories, viciées par la même erreur, on les dépasse toutes deux en renonçant à personnifier les facultés humaines, en posant que la liberté n'est pas distincte des motifs, qu'elle est ces motifs eux-mêmes en tant qu'auto-moteurs. « Il faut nier que la volonté suive les déterminations intellectuelles et passionnelles, quand ces déterminations elles-mêmes impliquent la volonté. Ceci contre le déterminisme. Et il faut nier que la volonté soit jamais dépouillée de toute réprésentation intellectuelle ou passionnelle, et paraisse ailleurs que dans l'intervention d'un motif auto-moteur. Ceci contre l'indifférentisme. »

Même définie en ces termes, on objecte que la liberté contredit la science, qui ne peut s'accommoder de l'idée de futurs ambigus. Et l'on met en avant les résultats de la statistique, le principe de causalité, le principe de la conservation de l'énergie. Mais, loin d'impliquer le déterminisme, la loi des grands nombres donne une probabilité de plus en faveur de la liberté. Elle se fonde sur « l'existence et la légitimité des *attentes égales* vis-à-vis de certains événements imaginés dans le futur. Or, l'hypothèse de la liberté justifie ces attentes et établissant des *possibilités égales* que l'hypothèse de la nécessité ne peut admettre qu'apparentes, et relatives à notre ignorance ». Bien compris, le principe de causalité n'exclut pas non plus la liberté. « Les actes libres ne sont pas des effets sans cause ; leur cause est l'homme, dans l'ensemble et la plénitude de ses fonctions. » Que demander de plus si on a renoncé à l'absurdité d'une série infinie de causes ou d'une science totale ? Quant au principe de la conservation de l'énergie, remarquant qu'une force aussi petite que l'on voudra suffit en certaines circonstances à déterminer une rupture d'équilibre, on peut en inférer, en passant à la limite, qu'une force nulle ou égale à 0 en est aussi capable.

Cela dit, Renouvier sait qu'il a donné des probabilités en faveur de la liberté, mais qu'il n'en a pas démontré la nécessité. Mais, aussi bien, une telle démonstration ne serait-elle pas contradictoire? « L'analyse fait pencher en faveur de la liberté contre la nécessité, la balance du jugement. Mais de quel jugement? D'un jugement libre, s'il est vrai que je délibère librement, et que je ne suis point prédéterminé à recueillir et à com-

biner bien ou mal les éléments de ma conviction. Alors,
c'est à la liberté qu'il appartient de déclarer si la liberté
est ou non. » Le problème de la certitude et celui de la
liberté se tiennent. S'il était vrai que la certitude fût
œuvre de liberté, ne faudrait-il pas renoncer à rendre
nécessaire la certitude de la liberté ? « Tel est, dit avec
force M. Séailles, le paradoxe, la thèse hardie de Renouvier : on voudrait résoudre scientifiquement le problème
de la liberté, on ne peut que résoudre librement le
problème de la science ; on voudrait savoir la liberté,
on ne peut que vouloir la science. »

La plupart des philosophes considèrent que la certitude a pour signe la nécessité : il y a dans l'évidence
une force qui contraint l'assentiment. Mais d'abord c'est
faire une métaphore inexacte que de parler de l'évidence comme d'une vision de la vérité, et une métaphore
qui se retourne contre la thèse même : de même que la
lumière « nous fait voir toutes choses et ne se fait
point voir », de même « le principe de l'évidence est
inévident ». Les vérités premières sur lesquelles s'appuie la connaissance sont objets de croyance, non de
science. En fait, d'ailleurs, il n'y a pas de vérité si
incontestable qui n'ait été mise en doute : « l'école pyr-
rhonienne est la preuve vivante du rôle de la volonté
dans la certitude », et Renouvier s'est étonné bien des
fois que les philosophes n'aient pas su recevoir, sur ce
point, la leçon si claire de l'expérience.

On objecte que nous enlever l'évidence, c'est nous
rejeter dans le scepticisme. Tout au contraire, riposte
Renouvier, c'est la théorie de la nécessité qui entraîne
le scepticisme, c'est la théorie de la liberté qui nous en
défend. « Comment par la nécessité distinguer la vérité
de l'erreur, quand par hypothèse tous les jugements ont
ce caractère commun de s'imposer nécessairement à
l'esprit ?... La nécessité n'accorde point de moyens sûrs
de discerner le vrai du faux ; chacun de nous pense et
juge comme il doit penser et juger; les erreurs, comme

les maux, sont partie intégrale de l'ordre universel...
Qui décidera au milieu des contradictions croisées, dans
le flux et le reflux des affirmations et des doctrines ? »
Avec la liberté au contraire, l'erreur devient compré-
hensible, évitable, et nous en portons la responsabilité.

La vérité, c'est que la certitude n'est pas seulement
affaire d'intelligence, mais aussi de passion et de
volonté : on est incertain, non seulement parce qu'on
ne sait pas, mais parce qu'on ne se passionne pas, ou
parce qu'on ne veut pas. Il y a là trois éléments inséparables. Dans la certitude comme dans chacun de
ses actes l'homme est entier : « Nous ne pouvons
rien affirmer systématiquement, ni sans une représentation quelconque d'un groupe de rapports comme
vraie, ni sans un attrait de quelque nature qui nous
porte à nous engager ainsi dans la vérité aperçue,
ni sans une détermination de la volonté qui se fixe,
alors qu'il serait possible, ce semble de surprendre le
jugement, soit pour chercher de nouveaux motifs ou de
nouvelles raisons, soit même en s'abandonnant simplement aux impulsions qui se présentent. » De là
le caractère libre et personnel de la vérité : elle est
une croyance, une assiette morale.

Il y a quelque chose d'incontestable, et d'ailleurs
d'incontesté des pyrrhoniens eux-mêmes, à savoir « le
phénomène comme tel au moment où il s'aperçoit. Là,
point de doute possible : toute incertitude serait contradictoire, car il faudrait penser que peut-être on ne
pense pas ce qu'on pense : ce qui est précisément
le penser ». Il y a aussi certaines affirmations, « thèses
de réalité », comme dit Renouvier, posées spontanément
comme des conditions de la vie et de la pensée, sur
lesquelles l'accord s'est fait et que personne ne songe à
mettre en doute : il s'agit de l'existence de la conscience,
du monde extérieur, des autres individus, et enfin
de l'accord des lois de l'esprit avec les choses. Mais,
dès qu'on sort de ce domaine, on se trouve en face

de la diversité la plus grande d'opinions, on aperçoit
le rapport intime entre la liberté et la certitude,
on comprend que sans la liberté, ce n'est pas l'action
seule, mais aussi la connaissance qui devient inintelligible. Seule elle explique l'existence de l'erreur ; seule
elle établit « la possibilité morale d'atteindre le vrai par
l'application assidue d'une conscience toujours en
éveil », et, à défaut de critère, nous apporte du moins
une méthode : le doute ; seule enfin elle nous évite
le cercle vicieux en nous dispensant de chercher
le critère des critères, la certitude de la certitude.
Et s'il est vrai que la liberté décide de toute certitude,
comment nous étonnerions-nous qu'elle-même puisse
seule se donner certitude d'elle-même ? « Il est juste
que l'acte éminent de la personnalité soit l'affirmation qu'elle est appelée à se faire d'elle-même (1). »

Mais la négation de l'évidence contraignante a
une autre conséquence. Libérés de cette illusion,
sachant que toute connaissance n'est au fond que
probable, pourquoi refuserions-nous d'aborder les
problèmes de la cause et de la fin des choses devant
lesquelles on ne recule que par suite d'une idée fausse
de la certitude ? Il ne s'agit pas sans doute de ressusci-
ter les chimères théologiques, il ne s'agit pas de sortir du
monde réel et des lois de la représentation. Le monde
intelligible, pour Renouvier, c'est encore le monde
sensible agrandi dans l'espace et dans le temps. Il
s'agit seulement de prendre conscience d'un fait, de
la morale qui commande à l'homme de réaliser sa
nature et sa destinée ; il s'agit de voir que cette
obligation ne peut se réaliser sans un certain ordre
moral du monde, sans un accord de la loi morale et des
lois les plus générales de l'univers ; qu'ainsi nous

(1) C'est ici qu'il conviendrait d'étudier le fameux dilemme, d'ailleurs
très connu, où Renouvier, après Lequier, enferma la question. Faute
de pouvoir le résumer à la fois brièvement et clairement, nous nous
permettons de renvoyer au texte lui-même.

sommes autorisés, en partant de nous-mêmes et de
la conscience, à certaines inductions morales relatives
au monde ; et qu'enfin certaines affirmations, non
susceptibles de démonstrations, sont possibles cependant, comme avait dit Kant, à titre de « postulats de la
raison pratique ».

Le premier de ces postulats, c'est la liberté, qui
reçoit ainsi son fondement dernier. « L'usage pratique
de la raison, les lois et les mouvements de la conscience
morale sont indissolublement liés à la représentation
de la liberté. Si donc les principes de la raison pratique
ont un fondement dans le monde, sont des réalités,
non de purs faits particuliers de la conscience et
qui pourraient se trouver en désaccord avec l'ordre
général, il en est de même de la liberté. »

Le second, c'est le postulat de l'immortalité, qui
« revendique une direction des lois de l'univers propre à
garantir à tout agent raisonnable une destinée en rapport avec les fins qu'il se conçoit à raison de sa nature
morale et progressive, et par conséquent la perpétuité
de son existence comme personne ».

Nous ne pensons que sous la loi de finalité, loi d'après
laquelle « une série de phénomènes successifs compor-
terait toujours, outre une subordination des conséquents
aux antécédents, comme des effets à leurs causes, une
subordination inverse des antécédents aux conséquents,
comme des moyens à leurs fins prédéterminées ». Or,
« qu'est-ce que la destinée, sinon la fin que nous pour-
suivons spontanément en vertu d'un ordre établi dans
la nature » ? On objecte que la loi de finalité ne s'applique qu'au grand Tout, qui a seule une existence
réelle. Mais Renouvier s'étonne alors de trouver dans sa
conscience un désir, un instinct d'immortalité si fort,
quand cet instinct contredit sa nature. Et il s'indigne
contre le sacrifice trop facile que l'on fait ainsi de l'individu. « Qu'importe que le mieux vienne, si le mieux
doit périr comme a péri le bien ?... Consolerons-nous

Sisyphe, en lui promettant de l'anéantir, ensuite de lui donner des successeurs capables d'élever son rocher de plus en plus haut sur la pente fatale? »

Et si on considère, au lieu de l'homme naturel, l'homme moral et libre, on voit des raisons plus fortes encore en faveur de l'immortalité. La loi morale suppose l'accord du bonheur et de la vertu. Or, cet accord, sans lequel la vie morale est étrangère au monde, en fait n'existe pas. Reste à supposer qu'il se réalisera dans l'avenir. La liberté ne va pas sans possibilité de mal et de désordre : mais il faut qu'elle ait, pour ainsi dire, le loisir de restaurer l'ordre. L'immortalité, c'est le droit au progrès, le droit à réaliser l'idéal que la loi morale nous impose, et qui sans elle reste impossible.

Seulement, il faut concevoir l'immortalité sans ramener la substance et le noumène. Ce n'est pas la fixation dans un état surnaturel que rien ne vous permettrait d'imaginer : c'est la renaissance de l'individu dans les organismes successifs liés au développement d'une même personnalité, « c'est-à-dire d'une même série de phénomènes psychiques dont la permanence et la continuité sont assurées par la mémoire et la direction volontaire de la pensée ». Le « comment », les moyens physiques de l'immortalité peuvent d'ailleurs être conçus de diverses manières. Renouvier ajoute que l'immortalité pourrait bien être facultative, dépendant moins de la nature de notre être que de certaines conditions qu'il appartient à la conscience de réaliser. Il est possible que les méchants voient anéantis, ce qui nous dispense de recourir à l'éternité des peines « qui éternise aussi le le mal ».

Le troisième postulat de la raison pratique est l'existence de Dieu.

À parler strictement, en philosophe qui se garde de tout symbole, l'idée de Dieu n'est autre chose que celle d'un ordre moral garantissant, avec l'immortalité des personnes, l'accord du bonheur et de la vertu. Dieu n'est pas cet auteur intelligible du monde dont parle Kant lui-même : il est l'accord en tant que réel, de la morale et du monde, la souveraineté du bien en tant qu'efficace. Est athée celui-là et celui-là seul qui ne croit pas à l'accomplissement universel d'une fin de moralité : en ce sens Spinoza et Hegel sont des athées.

Sitôt qu'on va au delà, on quitte le domaine de la croyance rationnelle pour rentrer dans celui de la croyance morale, où la critique, il est vrai, a encore son mot à dire, en indiquant du moins ce qu'il est ou non permis de croire. Ainsi elle rejette le Dieu des théologiens, ce Dieu, faisceau de contradictions, qui, éternel, agit dans le temps; qui, immuable, change sans changer; qui est tout enfin sans enlever au monde rien de sa réalité. La critique rejette aussi la création : l'existence ne s'explique pas. « Que *quelque chose soit ou commence, qu'une fonction sans précédent soit,* assurément cela peut se dire incompréhensible, mais la logique nous oblige à le poser ainsi... Mais que *l'un qui est fasse que l'autre qui n'est pas soit* », cela c'est proprement l'arbitraire.

Par contre le néo-criticisme s'accommode très bien de l'idée de personnalité divine. Seulement, comme toute conscience est limitation, le Dieu personnel est nécessairement limité. Perfection, oui ; infinité, non. Dieu pense dans le temps et l'espace, selon les catégories : et il ne dispose des causes et des fins qu'autant que le permettent les individualités qui ne sont pas lui et les lois générales qui enveloppent son existence. Aussi bien la pluralité divine n'est pas impossible, et se concilie d'ailleurs avec l'unité, Dieu n'étant que le premier des dieux, *rex hominum deorumque.*

c) La nature.

Renonçant à une synthèse irréalisable des phénomènes pour nous attacher à l'homme, nous avons analysé ses diverses fonctions ; nous avons résolu les questions liées de la liberté et de la certitude ; nous avons enfin cherché à en tirer, sur l'ordre supérieur du monde, des inductions de nature à remplacer les anciennes idoles métaphysiques et à satisfaire le besoin de croire sans offenser la raison.

Mais, si la nature et la destinée de l'homme sont par là soumises autant qu'il est permis à la critique, il n'en est pas de même du monde extérieur. Nous devons chercher maintenant si, par l'application des lois rationnelles déjà reconnues, il ne nous sera pas possible de nous représenter ses propriétés essentielles. Cette représentation sera sans doute invinciblement conjecturale. Mais comment faire fi de la probabilité, quand on a renoncé à l'évidence contraignante ?

Sur la nature profonde de l'être en général, trois hypothèses sont possibles ; on peut supposer qu'il est de la nature d'un représenté pur, étant éliminés de la représentation tous les caractères représentatifs ; on peut le définir « par une aptitude représentative dont les représentés ne seraient que des produits fugitifs » ; on peut soutenir enfin qu'il « réunit les deux éléments de la représentation et par suite doit être admis en son entier à titre de représentation pour soi ». Les deux premières hypothèses — la matérialiste et l'idéaliste, — ont le même vice et se heurtent à la même impossibilité qui est de scinder des éléments inséparables de la représentation. « Il n'y a donc qu'une seule notion possible de l'être individuel posé pour soi dans la nature : c'est la notion générale de la représentation pour soi. » La philosophie de la nature nous ramène ainsi aux premières affirmations de la critique.

Si le monde est un ensemble de représentations, il est aussi un ensemble de consciences : car l'un ne se comprend pas sans l'autre. Renouvier aboutit ainsi à une monadologie, mais très différente de celle de Leibnitz, une monadologie allégée des notions de substance et d'infini, très hostile à tout déterminisme, et qui enfin ne met pas l'être au-dessus de l'étendue, c'est-à-dire au-dessus des catégories.

Laissant la monade dans l'étendue, cette monadologie est encore un atomisme, mais original aussi. Pour éviter l'infini et rester fidèle à la loi du nombre il faut reconnaître une limite à la divisibilité de la matière. Pour sauvegarder la liberté, il faut admettre le vide, sans lequel aucun être ne saurait avoir l'initiative réelle d'un mouvement. Mais ce vide n'est qu'un vide relatif et « qui pourrait de nouveau se trouver un plein par rapport à je ne sais quels phénomènes sensiblement indifférents à tous les autres », et non « un être d'étendue pure, existant indépendamment de toute représentation ». Et l'atome n'est pas davantage un fragment « d'étendue concrétée ». Avec Boscovich, Ampère et Cauchy, Renouvier voit dans l'atome un centre de forces, inétendu en ce sens qu'il ne se compose pas de parties, étendu en ce sens qu'autour de lui s'étend une sphère d'action qui lui est réservée et où aucun autre acteur ne pénètre : cette sphère d'action, c'est le corps de l'atome.

On prévoit dès lors que si Renouvier accepte le mécanisme ce ne sera qu'avec des réserves. Il comprend l'intérêt supérieur de cette explication des choses données sous les catégories d'étendue et de quantité, catégories inférieures sans doute, mais qui seules permettent la mesure. Et s'il n'est pas aussi sensible que d'autres, lui philosophe du plusieurs, à l'unité qui résulte de là pour la science, il n'en fait pas fi cependant. Il élabore pour son compte une hypothèse des « attractions et répulsions alternatives suivant les distances », qui rendrait inutile la conception de fluides spéciaux et ne supposerait que les « vibrations des corps eux-mêmes. » Mais il ne veut pas que l'on prenne l'apparence pour l'être, le symbole pour la vérité. « Le dernier siège des phénomènes, dit-il, est

en des êtres complets », c'est-à-dire définissables en
tant que représentations. Et ailleurs, en cette formule
que l'on attribuerait facilement à Leibnitz : « Il faut
chercher à tout expliquer dans la nature mathémati-
quement et mécaniquement, et en même temps savoir
que le mécanisme n'est que l'apparence extérieure de
la nature, que ce qu'il y au fond c'est la pensée. »
Ceux-là même qui ne remontent pas si loin doivent
convenir qu'il y a dans les choses un élément quali-
tatif que la science, pour le négliger légitimement, ne
supprime pas. « Réduire la physique à la mécanique, ce
n'est point prétendre qu'il n'y ait en réalité rien que
de mécanique dans la matière concrète de la physique ;
c'est que son objet spécial et en quelque sorte abstrait,
puisqu'il est établi à l'aide d'abstractions nécessaires,
est essentiellement de forme mécanique. C'est assurer
que les lois mécaniques s'étendent dans la nature aussi
loin que les faits d'un ordre plus complexe, et, les
accompagnant, sont de ceux-ci la partie la plus propre
aux déterminations précises et à la précision scienti-
fique. Mais n'est-il pas clair qu'il devrait en être ainsi,
dès que les lois de nombre, de position et de succession,
auxquelles se rapporte la mécanique, sont à la fois des
lois universelles et des lois mathématiques ? » Et par
la qualité, les choses restent indestructiblement distinctes : « En observant le développement des fonctions mécaniques, physiques, sensitives, intellectuelles,
passionnelles, on voit les conditions d'existence et la
causalité procéder de l'ordre inférieur à l'ordre supérieur
sans que pour cela l'on puisse conclure intelligiblement
à la contenance des éléments nouveaux dans les
anciens et à leur identité de nature ; mais à chaque pas
d'un progrès dans l'être, quelque chose devient, quelque chose commence. »

Incontestables en toute hypothèse, ces considérations
prennent une force particulière quand il s'agit de la
vie et de la pensée. Il est impossible d'affirmer que « les

fonctions de la vie se ramènent aux simples forces attractives et répulsives, non plus que l'entendement et la liberté aux actions vitales ».

« Le développement des organes, depuis et avant un premier élément organique visible au microscope jusqu'à la plante ou à l'animal accompli, suppose pour l'esprit l'existence d'une fin prédéterminée et d'une virtualité quelconque se dirigeant à cette fin. » Cet élément de finalité et de spontanéité, aucun artifice dialectique ne permet de l'éliminer, aucune découverte expérimentale n'est venue le nier. « Ni les beaux succès de la synthèse chimique dans ces derniers temps, ni même le fait de la génération dite spontanée, s'il était prouvé et s'il pouvait l'être, n'apporte la moindre confirmation ou la moindre espérance raisonnable aux partisans de la confusion des ordres. » Loin d'admettre une continuité entre la matière et la vie, Renouvier affirme l'irréductibilité des diverses espèces vivantes. « Les espèces, leur origine, leur nombre, leur nature sont des données irréductibles... Grand ou petit, important ou non, ce qui est propre est propre, et c'est une étrange illusion, à bien y regarder, que la tendance pourtant si commune à croire que l'essence du singulier peut s'expliquer par l'essence de l'universel. »

Si, dans les *Essais de critique générale* du moins, Renouvier ne s'explique point précisément sur l'avènement de l'homme, il se refuse du moins à y voir un pur animal. « Cet homme qui porte en soi la protestation contre un ordre de choses qu'il va bientôt nommer le mal, pouvons-nous concevoir qu'il ne soit pourtant qu'un développement pur et simple de ce même ordre? » Catégoriquement aussi il se prononce pour « la multiplicité primitive des familles humaines. » Logiquement, « les mêmes causes quelconques et les mêmes conditions qui ont amené un premier couple humain ont pu également en amener plusieurs. » Biologiquement, il est difficile d'expliquer autrement la diversité profonde des types

humains. La linguistique enfin montre que les langues
ne se rapportent point à un type grammatical unique.

Jusqu'au bout, Renouvier reste donc fidèle à son
point de vue de la discontinuité et du plusieurs. « Au
lieu de l'Un substantiel, simple et absolu, la critique
place dans les fondements de la raison et du monde
l'Un corrélatif du Multiple, et fait du Multiple et de
l'Un, réunis et opposés, des conditions conjuguées de la
représentation. »

d) *L'histoire.*

Renouvier a consacré à l'histoire le quatrième essai
de critique générale : l'*Introduction à la philosophie
analytique de l'histoire,* à laquelle viendront s'ajouter
plus tard les gros volumes de la *Philosophie analytique
de l'histoire.*

Philosophiquement, ces livres nous intéressent en ce
qu'ils sont une application résolue, conséquente, auda-
cieuse de la thèse de la liberté aux faits historiques et
sociaux.

C'est la liberté d'abord, qui dans la mesure où Renouvier, en cette période critique, se croit autorisé à poser
et capable de résoudre le redoutable problème du mal,
doit porter la responsabilité de la déchéance de l'humanité. Il y a eu déchéance et chute pour l'homme, non
pas en ce sens qu'il « serait *tombé* dans le mal du haut
de la moralité développée », mais en ce sens tout au
moins qu' « au lieu d'opérer son *ascension possible*
dans le bien, tel que sa réflexion l'entendait et le jugeait
applicable, il opéra partout une *descente réelle* ». Inutile
de recourir, pour expliquer ce fait, à des hypothèses plus
ou moins métaphysiques. L'explication est dans la
liberté même. L'homme primitif n'est point cet être
d'instinct et d'inconscience que l'on se représente à
l'image du sauvage actuel, être dégradé. Il était capable

de réflexion et libre, en état de délibérer et de modifier
ses actes. C'est avec ces forces qu'il a été mis « au point
d'intersection de deux voies qui pouvaient le conduire à
la dégradation de son être ou à l'amélioration progressive de sa destinée ». Librement, il a choisi celle qui
menait à la dégradation. Outre que l'habitude a vite
exigé la répétition de son acte et que la force de
l'exemple tendait à le multiplier, une inflexible loi étu-
diée surtout dans la *Science de la morale,* la loi de la
solidarité dans le mal, est venue en imposer les conséquences à ceux-là même qui réagissent contre cette
déchéance, généraliser la guerre, obliger le juste même
à faire le mal. Peu à peu les usages, les institutions, les
âmes, les corps enfin se sont trouvés atteints par cette
contagion. Il n'en faut pas plus pour expliquer le misé-
rable état dont se plaint l'humanité.

Inégalement partagée entre les diverses familles
humaines, cette déchéance explique même en grande
partie la diversité de leurs caractères distinctifs. Quelle
opposition entre deux hommes, « l'un capable d'efforts
sur lui-même et de retenue et déjà investi d'une certaine
habitude de consulter le bien d'autrui et le devoir »,
l'autre violent, intempérant, paresseux, grossier, toujours prêt à l'injustice ! Généralisée, étendue à des
groupes larges de personnes ou de familles, « ne fût-ce
qu'à cause de l'attrait mutuel des semblables et de l'utilité que trouvent à s'unir entre eux ceux qui pensent
et vivent de même », cette opposition suffit à faire, par
exemple, qu'à côté d'une tribu de mœurs patriarcales
nous ayons une peuplade barbare. L'historien ne parle
guère que de la race et du milieu, d'un « tempérament
physique et moral primitif qui n'admettrait guère pour
modificateurs que les influences de climat, de sol et de
régime alimentaire ». L'explication est insuffisante.
Un peuple est avant tout ce que le font les conséquences
de ses premières déterminations libres. Les « coeffi-
cients externes » ne viennent qu'à un rang subordonné.

A côté des races naturelles il y a des *races éthiques,*
« formes de l'humanité œuvre d'elle-même. »

Comme c'est par la liberté que l'humanité s'est
déchue, de même c'est par la liberté seule que l'humanité peut se relever, s'améliorer, grandir. La loi du
progrès fatal et continu à laquelle, de son temps, se
ralliaient tant d'écoles : Hegeliens et Saint-Simoniens,
positivistes et socialistes, Renouvier la repousse comme
scientifiquement inintelligible, historiquement fausse,
moralement dangereuse. Le dogme du progrès s'appuie,
en général, soit sur « la donnée divine et providentielle
d'une destinée pour les hommes envisagés en un seul
corps, destinée qu'ils atteindraient indépendamment des
fluctuations de la liberté, » soit sur « une simple loi psychologique en vertu de laquelle l'action constante des
bons motifs, des bonnes passions fondamentales de la
nature humaine, jointe à l'accumulation des mérites et
des connaissances, pendant que toutes les déterminations fausses ou perverses de la volonté se détruiraient
formellement. » Or la première de ces deux conceptions
ne repose sur aucun fait précis. En ce qui concerne la
seconde, il est certain que « les actes favorables, tant
pour le moral que pour les connaissances acquises et
les œuvres réalisées », s'accumulent et additionnent
leurs effets : mais comme le mal croît aussi de la même
manière, en vertu des lois d'habitude et de solidarité par
exemple, il n'en résulte pas nécessairement un progrès.
D'autre part l'histoire nous montre certains peuples se
fixant dans une déchéance définitive, des civilisations
disparaissant tout entières, de longues périodes de décadence succédant à des périodes de prospérité et de progrès. Ainsi il est certain aux yeux de Renouvier que le
moyen âge, obscurantiste et théocratique, qui « a sou-
mis les hommes au plus complet régime d'hétéronomie
que l'Occident ait jamais connu, » marque une longue
décadence, après l'antiquité gréco-romaine, si éprise de
lumière et de liberté. Dans un curieux roman intitulé

Uchronie, Renouvier a fait l'histoire de l'Europe telle qu'elle n'a pas été, telle qu'elle aurait pu être cependant, si les libertés avaient pris un autre cours et notamment avaient su faire reculer la « superstition orientale » devant une civilisation romaine rajeunie et moralisée. Enfin l'idée de progrès fatal est souverainement dangereuse au point de vue moral. Elle tend à subordonner l'idéal au fait en montrant que tout a été légitime a son heure et a travaillé secrètement pour le bien. Elle décourage et énerve la volonté humaine, réduite à attendre tout des choses, ne pouvant se fier à son seul effort.

A la thèse du progrès nécessaire il faut substituer celle du progrès contingent par la liberté. « La vraie loi réside en l'égale possibilité du progrès ou du reculement pour les sociétés comme pour les individus. » Le progrès, nous devons y croire, tout au moins le croire possible, puisque la loi morale exige que nous y travaillions. « Nous devons croire à l'accord intime, profond, définitif du bonheur des peuples avec la moralité des peuples et de leurs conducteurs comme nous devons croire à l'accord intime, profond et définitif de l'utilité et de l'honnêteté dans la conduite privée. » Mais ce progrès ne nous sera pas donné. Il nous appartient de le faire. Dans le passé, « il n'est pas de progrès partiel et de nature quelconque dont une liberté en acte n'ait été l'agent. » Dans l'avenir, c'est de l'initiative d'individualités d'élite, c'est de l'action persévérante de justes associés pour le bien en des sociétés « nouvelles et exemplaires », qu'il faut attendre tout le mieux espéré.

e) La Morale.

« De tous les livres que j'ai composés, disait à Ch. Prat Renouvier, quelques instants avant sa mort, c'est la

Science de la morale que je préfère. J'ai écrit ce livre avec joie... Il n'est pas parfait, à coup sûr, mais ce n'est pas un méchant livre. » Cette œuvre préférée du philosophe est aussi une des moins connues, une de celles, il faut bien le dire, que son obscurité rend difficilement accessibles au grand public. Nous pensons rendre service en nous y arrêtant un peu plus longtemps qu'on a coutume.

A l'inverse de beaucoup de théoriciens contemporains de la morale, Renouvier ne s'attarde point aux considérations préliminaires et méthodologiques. Il indique brièvement les fondements nécessaires de toute morale : la raison, la liberté au moins apparente, la notion d'un devoir-faire ; il marque fortement le caractère libre et personnel de la vérité morale ; s'opposant aux partisans de la morale « indépendante », il affirme la dépendance nécessaire de la morale vis-à-vis d'une doctrine qui ne peut être que le criticisme, lequel « subordonne tous les inconnus aux phénomènes, tous les phénomènes à la conscience, et dans la conscience même, la raison théorique à la raison pratique » : c'est tout. Cela dit, il aborde aussitôt l'analyse des « notions élémentaires de la conscience » qui constituent la « morale rationnelle pure ».

L'agent moral peut être considéré soit en lui-même et en quelque sorte à l'état abstrait, soit dans ses rapports avec la nature, soit dans ses rapports avec les autres agents raisonnables. De là trois sphères — élémentaire, moyenne et supérieure — de la morale.

Considéré à l'état isolé, l'homme n'a pas de droits. Mais la notion d'un devoir résulte pour lui de cela seul que des désirs opposés se partagent sa conscience et que des fins diverses se proposent à lui. Capable par hypothèse de comparaison et de réflexion, il ne peut pas ne pas juger certaines de ces tendances ou de ces fins préférables aux autres, plus conformes au plan de la raison, meilleures. De là un jugement de devoir-être qui « réunit, dans la catégorie de finalité, les idées de fin rationnelle et de devoir moral », et qui constitue finalement l'obligation. Les vertus correspondant à cette sphère élémentaire de la morale sont la force, la prudence et la tempérance, trois formes de la raison pratique ou morale.

Vis-à-vis de la nature, que se partagent l'ordre et le désordre , nous avons un double devoir de respect et de travail : de respect en tant qu'elle est bonne, de travail en tant qu'elle est mauvaise, c'est-à-dire ne réalise point les fins de la personnalité morale. Ces deux devoirs sont en réalité très difficiles à concilier quand il s'agit des animaux. Avec bien des scrupules, Renouvier finit par reconnaître à l'homme le droit de tuer ou d'asservir les animaux, du moins dans le cas de nécessité et à condition que la passion ne vienne jamais « souiller son œuvre ». Mais il se prononce catégoriquement contre l'alimentation animale, par laquelle l'homme s'est inutilement ensanglanté.

Vis-à-vis de nos semblables enfin nos obligations tiennent en un mot : la justice.

Le caractère le plus immédiat de la justice c'est d'impliquer, chez les deux agents moraux en présence, comme une réciprocité de bonne volonté : elle suppose chez chacun une disposition à agir comme il voudrait que l'on agît à son égard, dans le sens où il a promis ou tout au moins « dans le sens probable où la convention lui dicterait d'agir si elle existait », et en même temps une confiance que l'autre agira de même. La justice est donc une sorte de contrat naturel, substitut d'une infinité de contrats positifs possibles, tous conformes à l'idée commune que se font les deux agents du bien commun.

Mais pourquoi deux agents moraux peuvent-ils et doivent-ils ainsi compter sur l'accomplissement de leurs promesses respectives et pourquoi conçoivent-ils un bien commun ? Parce qu'ils sont deux personnes semblables, disons plus égales et substituables, et que, quand l'un s'oblige, il ne s'oblige pas seulement envers soi, mais aussi « envers un autre soi qui n'est pas lui ».

Ce qu'il y a au fond de l'idée de justice, c'est donc l'affirmation de l'égale dignité des personnes. On peut la formuler avec Kant : « Reconnais la personne d'autrui comme ton égale par nature et en dignité, comme étant par elle-même une fin, et en conséquence interdis-toi de la faire servir de simple moyen pour atteindre tes fins. »

Comme d'ailleurs il est de l'essence de la raison de n'admettre que des motifs susceptibles de généralisation ; comme aussi on peut multiplier indéfiniment en pensée le nombre des associés égaux, on arrive, avec Kant encore, au concept d'une législation universelle de tous les êtres raisonnables : « Agis toujours de telle manière que la maxime de ta conduite puisse être érigée en loi universelle, ou formulée en un article de législation que tu puisses regarder comme la volonté de tout être raisonnable ». A un point de vue plus élevé encore, les deux maximes de l'universel et de la personne fin en soi se confondent d'ailleurs dans le « principe pratique suprême » de l'autonomie de la volonté : « idée de la volonté de tout être raisonnable, en tant que tel, considérée comme volonté législatrice universelle ».

Cette morale sociale est donc avant tout une morale de la justice, et Renouvier ne perd pas une occasion de l'opposer aux morales religieuses de charité et d'amour, morales de sentiment, donc sans règle, morales généreuses, mais pleines de dangers et promptes à justifier les moyens par la fin. La bonté peut être un devoir envers nous-mêmes, qui avons à cultiver nos bonnes passions. Elle n'est pas à rigoureusement parler un devoir envers autrui. De même l'assistance. Impossible de poser cette obligation comme universelle et inconditionnelle : donne et fais le bien à tous ceux qui sont dans le besoin. On ne pourrait souvent y rester fidèle

« sans mépris de la justice déterminée et abandon des droits particuliers, naturels et acquis... Soit vice de leur part, soit impuissance naturelle, les hommes ne parviennent pas, en se liant par la justice, à s'assurer tout ce que leur promettait la justice ; mais c'est elle-même, une fois le lien formé, qui devient un obstacle à l'accomplissement total des fins proposées. Nous sommes alors sous le régime des contrats spéciaux, publics ou privés, positifs ou tacites, engagés de tous côtés et dans l'impossibilité logique de donner à l'usage comparativement gratuit ce que nous devons réserver pour l'usage obligatoire ». Dans cette situation d'un homme lié ainsi par « une justice qui n'est pas la justice », il y a quelque chose de très douloureux, mais qui se comprend néanmoins, même sans faire appel à cette loi de la guerre et de la solidarité dans le mal que nous verrons plus loin fausser toutes les relations sociales. Lorsqu'il s'est agi de répartir entre les hommes les tâches et les biens, on avait le choix entre ces deux systèmes : appeler les associés à travailler tous pour chacun et chacun pour tous ; abandonner chacun à ses propres efforts après lui avoir fourni « les moyens suffisants d'atteindre à ses fins essentielles sans dépendre d'autrui ». En adoptant le second système, en posant, avec la propriété, la responsabilité personnelle, on a enlevé à l'individu tout recours à autrui. « Le partage des travaux et des biens ne serait pas sérieux, s'il n'était fait que sous la réserve d'un recours à autrui de la part de celui qui néglige ses travaux et dissipe ses biens. » Il y a des cas de force majeure, où l'assistance revêt « un caractère tout particulier, si ce n'est d'obligation, au moins d'exigence » ; et nous verrons d'ailleurs que la condition posée ci-dessus, à savoir que chacun ait reçu une propriété suffisante, est loin d'être réalisée en fait. Les sociétés ont donc raison de s'organiser pour venir au secours des plus faibles. Mais, en théorie pure, la justice est ailleurs.

En même temps qu'une morale de la justice, la morale de Renouvier est une morale rationaliste, et le devoir doit pouvoir s'y formuler d'une manière absolument autonome, au moyen des seules données rationnelles. Ce n'est pas à dire pourtant qu'il puisse au fond être réduit « à la raison qu'on appelle pure ». Fins humaines, perfection, bonheur, passions, utilité sociale ou individuelle, plaisir même : autant d'éléments secondaires de la moralité que l'analyse n'écarte que provisoirement et qu'il faut réintégrer ensuite, autant de mobiles légitimes quand ils sont subordonnés à la raison. Impossible de séparer complètement les passions et le devoir : ce serait enlever toute matière à la moralité pour n'en garder que la forme; ce serait aussi « créer une antinomie insoluble dans le système des fonctions humaines ». La conscience réclame une harmonie finale de la morale et du bonheur, nous ne pouvons lui refuser satisfaction. Notre vie, du reste, n'y perdra rien en pureté et en désintéressement, puisqu'il ne s'agit pas là de fonder la morale, mais seulement de lui accorder un des postulats qu'elle réclame « pour l'accord de ses données propres avec l'ordre des phénomènes ». Le criticisme ne répugne donc point, tout au contraire à l'idée d'une sanction transcendante fondée sur « la croyance en une nature et un ordre tels des choses que, sans pouvoir ni sonder l'origine de l'univers ni le comprendre comme un tout, on puisse affirmer qu'il subit la souveraineté du bien et que les conséquences de ses lois sont d'accord avec les fins de la morale ». Mais le criticisme enseigne, contrairement aux doctrines théologiques, que c'est ici le dogme qui doit se réclamer de la morale et non la morale du dogme.

Cela dit, nous considérons avoir suffisamment résumé la morale théorique de Renouvier. Est-ce à dire que nous avons pour autant réuni toutes les données nécessaires à la détermination de nos devoirs concrets? Nullement et c'est l'originalité principale de la *Science de la morale.* Tandis que le passage de la théorie à la pratique est, pour la plupart des moralistes, chose parfaitement simple, les préceptes particuliers de celle-ci se déduisant analytiquement des principes généraux posés par celle-là, ce passage, au contraire, selon Renouvier, marque l'apparition de principes nouveaux au mieux de nécessités nouvelles d'action. C'est la théorie de « l'état de guerre ».

La morale théorique part de l'hypothèse de la paix, c'est-à-dire d'un état social tel que les divers agents moraux y seraient toujours d'accord sur ce qu'ils se doivent les uns aux autres, toujours également disposés à se le fournir ; d'un état social, par conséquent, où la ruse et la violence ne sauraient jamais avoir d'excuse.

La morale appliquée doit s'accommoder au contraire du fait de la guerre : « Nous vivons dans un état social où les hommes ne s'entendent point sur l'étendue de leurs droits et devoirs respectifs, et où chacun peut légitimement douter de la bonne volonté des autres à remplir leurs engagements à son égard.

De ce fait les conséquences sont immenses autant que généralement inaperçues. Si la loi, qui ne devait être que la formule des volontés concordantes, se fait commandement sanctionné par la force ; si la distinction des gouvernants et des gouvernés apparaît dans la vie sociale ; si la notion toute morale de débit fait place à la notion de droit qui implique la légitimité d'une contrainte ; si, d'égalitaire et de contractuelle qu'elle était, la justice devient distributive et coercitive, faisant acception des personnes, de leurs situations et mérites respectifs, et recourant à la peine, c'est-à-dire au mal, contre le coupable ; si le droit de défense qui théoriquement n'a aucun sens passe au premier plan et se justifie, même dans l'hypothèse extrême de la mort donnée pour éviter la mort ; si l'homme de bien est parfois contraint au refus de la vérité ou de la générosité, c'est que la guerre règne, c'est que l'injustice des uns, s'imposant à tous par une terrible solidarité dans le mal, a gagné peu à peu toute la vie morale et sociale, et en a faussé toutes les conditions normales.

Quelle peut être en face de ces faits l'attitude du moraliste ? Les ignorer, et maintenir rigoureusement le devoir d'être juste, même à l'égard de l'injuste, même au milieu de l'injustice ? Ce serait condamner l'idéal à une défaite certaine, à une abdication. Il faut, au contraire prendre virilement son parti de cette loi cruelle qui veut que la morale « soit frappée d'impuissance chez chacun par le fait qu'elle ne règne pas sur tous. » Il faut se résigner aux modifications et déformations inévitables de l'éthique dans ce milieu bouleversé ; trouver des règles d'action qui, sans cesser d'avoir leur fondement dans la raison, soient adaptées aussi à l'humanité réelle et à la société dégradée ; constituer enfin, à côté du « droit traditionnel pur », un « droit historique », véritable « droit de la guerre » où il ne sera pas fait état seulement de la valeur intrinsèque des actes, mais de leur possibilité et de leur utilité concrètes.

Nous reproche-t-on d'altérer ainsi la morale ? Le reproche serait facile à retourner. Ceux-là sont les vrais ennemis de la morale qui se refuseraient à voir que ses règles strictes sont « devenues inapplicables en partie sous les conditions que la solidarité a établies » et qui, en proposant aux hommes un idéal irréalisable, les décourageraient et les amèneraient à prendre définitivement leur part du mal qu'il s'agit de vaincre. Qui dit guerre, d'ailleurs, ne dit pas droit de tout faire, droit de rendre le mal pour le mal, par exemple, ou de justifier les moyens par la fin. Dans la guerre même, et tout en subissant ses conditions, nous devons préparer le retour de la paix et rester fidèles pour cela aux règles suivantes : garder intacte dans notre esprit la représentation de l'idéal ; ménager les droits acquis et tout ce qui s'est déjà introduit de justice dans la loi positive ;

ne sortir des règles normales qu'à la dernière extré-
mité ; choisir parmi tous les moyens de défense ceux
qui s'éloignent le moins de la justice pure, etc., etc.

L'étude de la morale appliquée ou du droit historique
est divisée ainsi par Renouvier : droit personnel en
général, droit domestique, droit économique, droit
politique, droit international. Entre tant d'idées origi-
nales et profondes, nous ne retiendrons que celles qui
dominent le droit économique et le droit international.

Renouvier a marqué avec force une « antinomie de
la propriété » qui peut se résumer ainsi : la propriété
individuelle est nécessaire, mais nécessairement aussi
elle se retourne contre sa fin ; les garanties qu'elle seule
assure, on ne peut les donner aux uns sans en priver
d'autres, au moins pour l'avenir.

L'homme ne peut procéder à aucun des actes nécessaires à la vie sans user de certaines choses extérieures,
sans se les approprier par conséquent. Or la personne
a le droit de réaliser ses fins. Légitime donc en toute
hypothèse, l'appropriation individuelle prend une valeur
particulière dans l'état de guerre où elle est le seul
moyen de se suffire sans dépendre de la bonne volonté
toujours douteuse d'autrui, une garantie de sécurité et
de liberté, un instrument de défense indispensable.

Mais, d'autre part, la propriété tend fatalement
à l'accumulation de la richesse entre les mains de
quelques individus et à l'expropriation des autres. Une
loi naturelle veut, en effet, que le travail laisse toujours
un excédent, un revenu net, après même que le travailleur en a déduit et sa propre subsistance et les frais
nécessaires pour entretenir et réparer l'instrument : la
preuve suffisante en est dans le progrès constant de la
richesse, malgré l'augmentation de la population, dans
le développement de l'épargne parallèle au développement de l'industrie. Ce revenu net devient, à son tour,
l'instrument d'une nouvelle propriété, d'un nouveau
travail, d'un nouveau revenu net. Et comme d'ailleurs

la quantité des richesses n'est pas illimitée dans le monde, la surface de la terre, par exemple, n'étant pas extensible ; comme aussi la population qu'elle porte va toujours en augmentant, un moment arrive vite où, toute la richesse disponible étant concentrée entre les mains de quelques-uns, les nouveaux venus ne trouvent rien à s'approprier. Sans spoliation, sans violence, la propriété s'est, pour ainsi dire, retournée contre elle-même.

De cette antinomie, comment sortir ? Renouvier se refuse à la brutale solution collectiviste, qui aboutit à la négation de toute liberté et, dans la *Science de la morale* tout au moins, il montre de très manifestes hésitations chaque fois qu'il s'agit de faire appel à l'Etat. Les moyens qu'il préconise sont les suivants : établissement d'un impôt progressif dont le but avoué serait de mettre obstacle à l'accumulation des richesses et de permettre l'accession au capital de ceux qui n'en ont pas reçu par leur naissance ; proclamation du droit au travail, les divers moyens de le sanctionner restant d'ailleurs litigieux et discutables ; organisation du salaire telle qu'il permette au travailleur, non seulement de vivre, mais, en lui assurant une part du revenu net de l'entreprise, de capitaliser et de s'élever à la propriété ; socialisation (par la liberté, si possible) des principaux instruments d'échange ; organisation par l'Etat d'un système complet d'assurances ; enfin et surtout fondation, par tous les hommes qui ont le sentiment et la volonté de la justice, d'associations libres où l'on essayerait de le mettre en pratique intégralement.

En ce qui concerne enfin le droit international, Renouvier a critiqué vivement l'idée de patrie naturelle ou de nationalité, à laquelle il juge utile de substituer celle de patrie morale ou d'Etat. La société idéale doit reposer non sur des passions ou des coutumes, mais sur des éléments rationnels et moraux : or c'est le cas de l'Etat qui existe, même entre hommes de langue, de race, ou de croyances différentes, sitôt qu'ils ont une conception commune de la justice ou du droit. Le but d'une politique vraiment rationnelle doit être, non « d'arriver à la constitution des nations naturelles en autant d'états distincts », comme le demande à tort le fameux principe des nationalités, mais d'amener les Etats au respect de l'autonomie de leurs sujets et de leurs autonomies réciproques ».

Nous sommes heureux que ce résumé se termine sur le mot d'autonomie. Ainsi se trouve mis en évidence le caractère essentiel de cette morale qui est avant tout une morale de l'autonomie. La liberté, nous dit explicitement Renouvier, est le premier mot et le dernier de la morale, étant à la fois, pour l'humanité, la fin la plus précieuse et le moyen le plus efficace. Par la liberté, s'affranchir : tout est là.

CHAPITRE III

La dernière philosophie.

Le Personnalisme.
(1872-1903)

L'empire avait enlevé Renouvier à la vie publique : la République l'y ramena. Secoué, comme tous ses contemporains, par la grande leçon de 1870, il s'alarme devant l'étendue du mal soudain révélé, il cherche un remède. Armé de la *Critique philosophique,* revue hebdomadaire qui remplace, en 1872, l'*Année philosophique* fondée en 1867, il se jette dans la mêlée des partis. Seulement, tandis que pour les Taine et les Renan, le grand examen de conscience avait déterminé un brusque mouvement de recul, Renouvier ne renie rien de ses convictions antérieures auxquelles c'est justement le malheur de la France, selon lui, de n'être pas restée fidèle. C'est du point de vue républicain et démocrate, disons plus, c'est du point de vue jacobin qu'il aborde les questions alors posées. Parmi les grands penseurs de la France moderne, il en est un au moins dont on ne fera jamais un maître de la contre-révolution : c'est Renouvier. Ajoutons qu'il fut aussi un des théoriciens de l'anticléricalisme, et un des plus acharnés : en 1903, une de ses dernières paroles fut pour se réjouir de la guerre faite par le ministère Combes aux congrégations. Persuadé que c'était la religion catholique, reli-

gion d'hétéronomie, qui portait la responsabilité première des défaillances et des malheurs de notre pays,
il eût voulu le décatholiciser et chercha à l'entraîner,
non vers l'athéisme, à quoi il répugnait par-dessus tout,
mais vers le protestantisme « qui est dans la religion ce
que le criticisme est dans la philosophie : un doute
méthodique préalable à toute affirmation volontaire...
une œuvre d'examen ». Il demanda aux libres penseurs
de se faire inscrire dans les rangs des protestants, fré-
quenta lui-même le temple et, pour propager son idée,
ajouta en 1878 à la *Critique philosophique* une *Critique
religieuse* ouverte aux pasteurs libéraux : « Travailler
à la véritable intelligence du protestantisme, et par là
à son extension dans notre pays, serait servir les inté-
rêts de la civilisation en général et aider puissamment
au progrès des peuples de tradition latine, césarienne et
papiste. » Cette tentative de protestantisation échoua
totalement, comme chacun sait. Mais elle fit beaucoup
de bruit en son temps.

Ces larges préoccupations politiques et religieuses
n'empêchaient pas Renouvier de poursuivre son œuvre
philosophique. Il accumule dans la *Critique philosophique* et plus tard dans l'*Année philosophique* qui
prendra à nouveau sa place, les articles de forte synthèse.
Il réédite ses *Essais de critique générale* en les complé-
tant et même en les corrigeant. Il étudie de très près
Victor Hugo poète et *Victor Hugo philosophe*. Il publie
enfin cette série d'ouvrages un peu lents et longs, qui
sentent assurément la vieillesse, mais témoignent du
moins d'un labeur immense et prolongé : l'*Esquise d'une
classification systématique des systèmes philosophiques*
(1886), la *Philosophie analytique de l'histoire* en
4 volumes (1896 et 1897), la *Nouvelle Monadologie* (1898)
les *Dilemmes de la métaphysique pure* (1901), l'*Histoire et solution des problèmes philosophiques* (1901),
enfin le *Personnalisme* (1903). La veille de sa mort, il
dictait encore à Ch. Prat des considérations sur l'avenir

probable de cette doctrine personnaliste où il avait fini
par voir la vraie religion, et s'inquiétait des hommes
qui pourraient la propager, de son opportunité et de sa
fécondité possible.

Ceux-là même qui croient le plus fermement à
l'unité profonde de l'œuvre de Renouvier doivent
convenir que ces derniers livres apportent sur bien des
points des idées assez nouvelles.

Tandis que, philosophe de la liberté, Renouvier avait
affiché un grand mépris de toute tentative faite pour
unifier l'histoire, voici qu'il discerne en elle « une loi de
polarité unique et simple des systèmes », il voit « une
réelle division binaire se marquer au milieu de la mul-
titude et du désordre apparent des questions et des
solutions qui se heurtent ». Tous les systèmes se
ramènent à deux principaux qui se posent comme les
termes d'une alternative : la philosophie de la substance qui admet l'infini, l'évidence, et donne comme
but à la morale la recherche du bonheur ; la philosophie
morale ou de la conscience avec le fini, la création, la
liberté, la croyance, le devoir. Le choix qui doit être
fait, Renouvier montre comme autrefois qu'il ne peut
être que l'œuvre de la liberté, le penseur usant d'ailleurs
« de toutes ses forces intellectuelles et morales » : mais
il tend à identifier la croyance philosophique avec la
foi religieuse. « La thèse de la croyance et la perspec-
tive des sanctions possibles font apparaître au philosophe la position du penseur sous le même aspect que
celle du fidèle en religion. » Il parle d'un pari, semblable
à celui de Pascal, à cela près qu'il ne porte pas sur les
prescriptions d'une religion particulière, mais que les
termes en sont fournis par la philosophie elle-même.
« Une alliance, dit-il dans l'*Esquisse d'une classification*,
pourrait se former entre la manière rationnelle et la
manière religieuse de penser, c'est-à-dire entre le
criticisme et le christianisme. » Plus tard, quand il aura
conçu sa doctrine de la chute, il n'hésitera pas à la
présenter comme une religion.

Dieu n'est plus seulement postulat de la raison pratique, il est démontré par un argument tiré de l'unité des lois de l'univers, très semblable au fond à ceux de l'ancien dogmatisme et qui exclut tout polythéisme, impliquant au contraire l'unité divine. « Si le système des lois n'a pas été pensé, s'il n'est pas pensé actuellement, comment existe-t-il et que peut-il être ? Les lois seraient donc des espèces de *choses* sans origine et sans fond... S'il n'y a pas de loi, pas de relation, sans que la conscience en soit donnée quelque part et en soit l'essence, et s'il existe une loi universelle, il faut qu'il existe une conscience universelle. » Renouvier rejette encore l'infini et l'absolu, il ne veut pas que l'on cherche à remonter au delà du premier commencement ni à sortir de l'expérience possible : mais il ne répugne plus à la création qu'il pose seulement comme incompréhensible. Et encore « on ne peut pas dire que l'impossibilité de comprendre l'essence du rapport produit par l'acte libre d'une conscience créée et conditionnée soit moindre que l'impossibilité de comprendre l'essence du rapport produit par l'acte créateur dont une telle conscience elle-même a pu procéder ».

Pendant la période critique, Renouvier se montrait d'une extrême réserve sur les questions d'origine, il les aborde maintenant, sans renier le phénoménisme, sans sortir de l'expérience infiniment prolongée dans l'espace et dans le temps, mais avec une hardiesse et une confiance dans l'hypothèse véritablement nouvelles. C'est ainsi que, pour éviter l'action immédiate de Dieu dans les événements particuliers, il n'hésite pas à admettre « la conception du premier ou des premiers hommes dans des matrices animales ».

Dans le troisième *Essai*, Renouvier avait énoncé l'idée que le mal physique se rattachait sans doute à un mal moral antérieur ; mais il se montrait résolu « à ne pas laisser prendre à l'imagination trop de place dans la croyance » et il conseillait au philosophe de détourner

son attention du passé pour regarder l'avenir. Il a
maintenant une solution complète et définitive du
problème du mal. Le monde que nous considérons
comme primitif ne peut être l'œuvre immédiate de
Dieu, car « rien de semblable n'est idéalement admissible
dans ce que le Dieu de justice et de bonté, s'il en est un,
a pu faire et produire » : il est donc né d'une chute, il
suppose un autre monde encore avant lui ; les hommes
qui vivent aujourd'hui sur la terre ont vécu, sous une
forme antérieure dont ils ont perdu le souvenir, « au
sein d'un milieu parfait, qui était la société humaine
parfaite, dans une nature entièrement harmonique
en elle-même et appropriée aux qualités et aux besoins
de l'homme », monde idéal que Renouvier ne se contente
pas de supposer et qu'il décrit avec une application
et un luxe de détails tout de même un peu futiles. Par
la faute lamentable d'un « Adam collectif », l'ordre
moral et l'ordre physique ont été troublés dans ce
monde dont le nôtre n'est que la ruine. Mais une res-
tauration est possible, car la vie actuelle de chaque
personne n'est que l'une des épreuves à travers lesquelles
il trouve, ou la mort définitive, ou le repos définitif
« dans la justice indéfectible ». Et, dans ce rêve de
palingénésie, Renouvier s'absorbe, au point de se désin-
téresser presque, comme les mystiques, de la société
présente pour laquelle, cependant, il a tant combattu :
« l'individu n'est sur la terre qu'un passant venant
d'autre part et d'un lieu où il retournera, après avoir
tiré de ce monde malheureux tout ce qu'il contient pour
son instruction et son perfectionnement ».

Enfin, — et ceci est plus grave encore, — tandis que
dans les *Essais* Renouvier partait de l'esprit et des
catégories, on a remarqué qu'il retournait, dans ses
derniers ouvrages, à la méthode dogmatique. Dans
la *Nouvelle Monadologie,* il n'arrive à l'étude de l'esprit
qu'après avoir défini la monade et, par elle, le monde.
Dans le *Personnalisme* enfin, c'est de Dieu même,

comme d'une donnée primitive, qu'il déduit toute sa théorie.

Il y a donc bien une « troisième philosophie » de Renouvier plus dogmatique, plus théologique que la seconde. De savoir dans quelle mesure ces philosophies s'accordent ou se contredisent, c'est là une grave question, qui dépasse le cadre de cette étude, où nous ne voulons point paraître rien préjuger. Nous demandons seulement qu'on l'aborde dans un esprit bienveillant et large, comme celui qui tend à prévaloir pour l'interprétation du positivisme. Il se peut que dans ce passage d'un point de vue d'immanence à un point de vue de transcendance, Renouvier ait obéi à une secrète exigence de la pensée humaine. Nous avouons d'ailleurs que cette dernière philosophie n'a pas été développée par lui avec la même vigueur, la même netteté qu'on admire dans les *Essais*. Nous ne saurions approuver M. Séailles d'avoir raillé « ce roman d'aventures cosmiques écrit par un polytechnicien pour des pasteurs protestants... cette mythologie abstraite appliquant les résultats de la science aux gigantomachies des âges primitifs ». Mais nous pensons avec lui que Renouvier restera avant tout, pour la postérité, l'auteur des *Essais*.

CONCLUSION

« Le phénoménisme de Hume et le criticisme kantien
conciliés par la restitution des lois de la raison dans la
première de ces philosophies, et par le renoncement aux
substances indéterminées, au noumène inconnaissable
de la seconde;

« La réfutation apodictique de la possibilité d'un infini
actuel dans l'ordre de la quantité, la conséquence tirée
de la réfutation des doctrines de l'infini, pour établir la
nécessité d'un premier commencement des phénomènes
et, par suite, celle de la création, quoique nulle idée de
l'essence divine avant la création ne puisse appartenir
à la connaissance humaine;

« La méthode idéaliste confirmée par de nouvelles ana-
lyses des notions d'étendue, de matière et de mouvement
au point de vue de la divisibilité de leurs objets à
l'infini;

« La théorie empirique de Hume et la théorie aprio-
rique de Kant sur la causalité, toutes deux corrigées :
l'une par la reconnaissance de ce concept comme loi de
l'esprit et du monde, ayant son fondement et son type
dans l'action volontaire qui meut, retient et détermine
les idées; l'autre par la reconnaissance d'un indéter-
minisme phénoménal que réclame la liberté morale;

« La causation rejetée de l'ordre des lois naturelles, où
l'on s'en sert à tort pour désigner les liaisons nécessaires entre des phénomènes préordonnés comme fonc-

tions les uns des autres ; son idée légitime restreinte à
l'action automotrice des phénomènes internes des
animaux.

« L'abandon de la partie de la doctrine de Kant qui
revendiquait encore une faculté de formuler, en métaphysique et en morale, des données de *raison pure à
priori,* irrécusables absolument ; et enfin la croyance
replacée dans l'intégrité de son droit, par la théorie de
l'intervention de la passion dans tous les actes conscients,
par celle du vertige mental, et par une reprise criticiste
de l'ancien argument sceptique tiré des divisions incu-
rables des philosophes : »

C'est en ces termes que Renouvier a résumé lui-même
son œuvre, établi pour ainsi dire le bilan du néo-
criticisme.

Que si maintenant on veut encore résumer ce résumé,
on dira que le néo-criticisme tient en ces deux idées
essentielles : application universelle de la loi de contradiction, affirmation résolue et conséquente de la liberté,
— deux idées qui se tiennent intimement d'ailleurs, car
on ne peut poser la liberté sans poser aussi des commen-
cements absolus qui limitent la série des causes, et,
inversement, si tout phénomène avait dans les antécédents donnés une raison déterminante, il faudrait
remonter à l'infini de cause en cause, sans jamais pouvoir s'arrêter, pour aboutir enfin à l'absurdité d'une
série infinie, d'un nombre qui n'est pas nombre. L'originalité propre de Renouvier n'est pas tant dans l'affirmation du fini, ni dans l'affirmation de la liberté, que
dans l'affirmation de leur solidarité nécessaire. Des
deux maîtres qu'il a avoués, et envers lesquels on ne
l'accusera pas d'avoir été ingrat, Kant et Hume, ni
l'un ni l'autre ne l'a enseigné sur ce point.

A bien des égards, et avec raison selon nous, la
philosophie contemporaine se trouve engagée sur des
voies différentes de celles tracées par Renouvier. C'est
une grave question d'abord de savoir dans quelle

mesure l'intellectualisme auquel il se tient peut logiquement fournir une théorie de la liberté, dans quelle
mesure enfin la loi et la contingence peuvent coexister,
et sur le même plan du réel. En fait, la plupart
des théories récentes de la liberté sont résolument
anti-intellectualistes. Les catégories ne sont point ces
absolus immobiles que pensait Renouvier ; elles ont une
histoire ; l'esprit ne les reçoit pas toutes faites du
dehors, et il ne les porte pas non plus toutes faites
en lui ; il les fait en même temps qu'il se fait lui-même.
Aussi ne sont-elles, à rigoureusement parler, ni des
lois de l'esprit, ni des lois des choses : elles expriment
plutôt un effort d'adaptation de l'esprit aux choses,
qu'elles ne traduisent qu'approximativement. L'activité
et la causalité véritables transcendent les catégories et
leur déterminisme. Par suite, l'acte libre cesse d'être un
coup d'état et l'homme libre un empire dans un empire.
D'autre part, le principe de contradiction et la loi du
nombre n'ont pas échappé plus que les autres formes
intellectuelles à la critique. Victorieusement, pensons-
nous, M. Milhaud a établi que l'esprit doit renoncer à
toute certitude logique dans le domaine du réel, qu'on
ne la trouve que dans l'ordre des concepts, du « cons-
truit » et que notamment c'est une illusion de prétendre
résoudre les antinomies kantiennes au nom du seul
principe de contradiction. Mais, par ailleurs, certaines
idées esssentielles de Renouvier peuvent passer aujour-
d'hui pour définitivement acquises : telles celles qu'il a
énoncées sur le rôle de la volonté libre dans toute
affirmation et spécialement dans l'affirmation de la
liberté ; sur la définition du réel comme représentation ;
sur l'insuffisance du mécanisme et du sciencisme à
ramener à l'unité d'un élément simple la hiérarchie des
mondes. Et puis il serait d'un esprit bien superficiel de
juger de l'influence d'un philosophe par le nombre de
thèses irréformables et de formules courantes qu'il
a jetées dans la circulation. En définissant avec force et

précision un point de vue de l'esprit, le philosophe rend service à ceux mêmes qui refusent de s'y rallier. Par la force et la précision supérieures avec lesquelles il a défini le point de vue du fini et de la liberté, Renouvier restera sans doute, entre Comte et M. Bergson, et au même degré qu'eux, une des plus grandes gloires de la philosophie française du XIXᵉ siècle.

TABLE DES MATIÈRES

1577-10. — Imprimerie des Orphelins-Apprentis, F. BLETIT,
40, rue La Fontaine, Paris-Auteuil.

CARDINAL NEWMAN

Le Développement du Dogme chrétien, par Henri Bremond, lettre-préface de Sa Grandeur Monseigneur Mignot, arch. d'Albi. 1 vol. in-16. 7ᵉ édit.   **3 fr.**
Ouvrage couronné par l'Académie française

La Psychologie de la Foi. 1 vol. in-16. 5ᵉ édition.
3 fr. 50
Ouvrage couronné par l'Académie française.

La Vie Chrétienne, 1 vol. in-16. 5ᵉ édition...   **3 fr. 50**
Ouvrage couronné par l'Académie française.

Grammaire de l'Assentiment. Traduction française par M. Gaston Paris. 1 vol. in-8. 2ᵉ édition.   **6 francs**
Ouvrage couronné par l'Académie française.

Saints d'Autrefois. Ouvrage traduit de l'anglais par X. Introduction de Henri Bremond. Un beau vol. gr. in-16.
4 francs

Bremond (Henri. — **Newman,** *Essai de biographie psychologique.* 1 vol. in-16 de 428 pages 3ᵉ édit. **3 fr. 50**
Ouvrage couronné par l'Académie française (Prix Juteau-Desvigneaux (1906).